Ecofilia, Ecologia e trasformazione a ritmo dei suoni della Natura

Ecofilia, eco-passione, tendenza verso l'equilibrio della natura.

collana saggistica

ISBN: 978-1-291-72750-0

Maria Teresa de Carolis

Ecofilia, Ecologia e trasformazione a ritmo dei suoni della Natura

Ecofilia, eco-passione, tendenza verso l'equilibrio della natura

Ecofilia, Ecologia e trasformazione a ritmo dei suoni della Natura

Ecofilia, eco-passione, tendenza verso l'equilibrio della natura.

La stasi moderna attraverso la quale ci si è incagliati su un concetto di "ecologia" astratto, disunito dalla forza motrice della terra, ha generato correnti di pensiero confuse, a volte radicali, talvolta incoerenti, poiché Gaia ha perso un figlio, l'equilibrio, appunto.

Il movimento del pianeta, delle nuvole, dei venti e delle correnti, del susseguirsi delle stagioni e dei climi è un'unica espressione di un organismo, completo e perfetto. Imperfetti, al contrario, sono gli esseri umani che deviano il corso degli eventi, che manipolano le stagioni, che privano la terra dei nutrimenti, che falliscono ogni giorno nel tentativo di manomettere il ritmo e gli ingranaggi di un grande sistema, incatenato ad altri sistemi, lontani anni luce.

Quando Tiziano Terzani, nella foresta dei suoi ultimi giorni, dedicava la sua attenzione particolare agli alberi, vestendoli con degli occhi come per ridargli indipendenza e identità, mostrava di aver profondamente capito l'importanza del "Tutto".

Ecofilia sta a una rappresentazione di realtà cancellate, a una nebulosa e timida conquista di uno spazio naturale, semplice perché già esistente. Conquistare consapevolezza nei confronti dell'ambiente, degli animali, della natura è il passo verso la decrescita, tornare lungo la linea del tempo alle memorie di uno spazio abbandonato.

Nascere in un qualsiasi luogo del pianeta può essere determinante per il nostro destino, oppure non significare assolutamente nulla, quel nulla che spinge per inerzia milioni, centinaia di milioni di umani, verso una vita fatta di abitudini, peraltro spesso cattive, verso azioni generate da incoscienza, crudeltà, prepotenza.

Abitiamo una casa, un luogo magico, dove non siamo soli. Condividiamo attimi di esistenza all'unisono; nello stesso istante in cui inaliamo ossigeno miliardi di altri esseri lo fanno, in altri luoghi, nascosti, profondità marine o strisce di cielo, grotte sconosciute o corridoi sotterranei. Seppure su alture inarrivabili, quei respiri sono un unico battito, un unico cuore, gigantesco e meraviglioso. Abitiamo una casa con pareti sgretolate e pavimenti divelti, dove i nostri coinquilini sono spesso senza cibo, vivono per stenti perché teniamo sotto chiave le provviste dove non si è mai sazi di ciò che si consuma. Il giardino è un luogo prezioso, dove le piante arrivano finanche a toccare le nuvole e dove ogni essere vivente, di qualsiasi dimensione sia, occupa uno spazio, un piccolo spazio tutto suo, che dovrebbe garantire la sua sopravvivenza e dove ritagliarsi momenti di luce e buio: in questo spazio entra l'umano, a rubare buio e luce, a razziare cibo e minuti, a risucchiare respiri.

Sopravvivere o vivere?
Quale umano non si sentirebbe angosciato al pensiero di dover "sopravvivere" a una guerra, una carestia, un cataclisma? Quale animale non umano, da quando gli umani abitano il pianeta, può sentirsi libero di vivere e non di "sopravvivere"?

Abitiamo una casa dove diritti e doveri non sono pari, dove lo spazio si conquista con la forza e senza coraggio, dove illusioni di possesso e prestigio sono al di sopra della coscienza, dove il rispetto e la libertà sono suoni senza note.

Già, la libertà! Libertà di scegliere, ecco quale potrebbe essere un buon inizio; scegliere di conservare, di preservare, di lasciar vivere e amare, libertà di agire per l'altro oltre che per se stessi.

L'unica eccezione è scegliere per chi non ha voce, liberare scegliendo per gli oppressi, i deboli, le vittime, annullare l'ego malato di violenza e potere, cancellare il centrismo attraverso il quale tutto è niente, tranne l'Io.

Un diritto fatto di doveri, diritto non acquisito ma meritato. Ogni mattina quando i sogni s'interrompono bruscamente e la luce fioca e timida inizia a scaldarci, il primo respiro dovrebbe essere per il mondo. Per il mondo che abbiamo dentro e che dovremmo lasciar uscire, per il mondo che comunica e grida, il mondo che dovrebbe essere... desideri! Abitare una casa è una responsabilità, soprattutto quando in quella casa transitano milioni, miliardi di vite, innumerevoli e vibranti esseri che si intrecciano, si incontrano, si conoscono o si ignorano ma comunque vivono e calpestano lo stesso terreno. Il futuro ha il sapore dell'inesplorato, dell'oscura e tagliente visione di un lontano inganno, tranne quando disegniamo e costruiamo il futuro che vogliamo che sia. Ogni frammento è saldamente legato a un altro, ogni singolo battito è il battito che prosegue in un altro, un concerto di emozioni e fremiti. Ogni essere ha diritto di abitare un luogo, ogni essere ha diritto a essere libero, ogni essere merita di avere questo diritto. Domanda: quale diritto detiene l'uomo all'interno di questa casa, temporaneamente abitata, transitoriamente occupata e prepotentemente requisita?

Confini e possibilità

Le onde del mare spostano volumi immensi di sabbia, se ci riflettiamo sono gocce, acqua e minerali, particelle che ritmicamente annunciano un cambiamento. La natura si muove continuamente, in ogni secondo la trasformazione è presente. Gli spazi intorno a noi sono globi di materia, invasioni umane di cemento, detriti, isole che crescono utilizzando risorse.

Negli ultimi decenni la percezione che il nostro pianeta sia strettamente legato alle nostre abitudini si è sviluppata purtroppo verticalmente. In altre parole, la rete d'informazioni ha creato una sorta di piramide fondata su grandi ideologie che non si sono ramificate orizzontalmente, ma che sono cresciute come importanza senza dare la visione di comunione e cooperazione.

Ogni essere umano potrebbe avere una parte determinante nello sviluppo di una coscienza universale, se soltanto agisse in contrasto con ogni forma di sfruttamento, ambientale o animale.

In che modo una parola può determinare l'attenzione o la disattenzione verso qualcosa? La parola ecologia nasce con Ernst Heinrich Haeckel, zoologo, eclettica figura dell'800 e soprattutto fervente darwinista. Ecologia, *oikos* = casa e *lògos* = studio, il contrasto nasce proprio da questo, lo studio, la scienza che deriva dall'industrializzazione del pianeta. Studiare a distanza crea un confine, un muro che è invalicabile; bisogna sentire sulla pelle il dolore di una sconfitta per poter realizzare qualcosa di importante. Amare empaticamente risolve il contrasto, attenua la distanza e costruisce il ponte necessario alla comprensione.

La minaccia

Che bisogno avremmo avuto di contestualizzare l'attenzione verso la natura e l'ambiente se non fosse esistita una "minaccia"?

Non è un caso che proprio nella terra della rivoluzione industriale nasca, nel 1913, il primo grande organismo che si occupa dell'ecologia moderna, la British Ecological Society. Il pianeta terra, sotto la feroce morsa delle combustioni industriali, necessita di studio e azione. Un pianeta che è malato di progresso e sfiancato dall'incuria dello smodato utilizzo delle risorse, prostrato dagli abusi dello sviluppo.

Tuttavia, studiare una malattia, può anche non definirne la cura. La differenza sta proprio tra il concetto di "studio" e l'idea di "amore".

L'epoca moderna ha provocato un'accelerazione dei fenomeni inquinanti. Il CO_2 ed il metano hanno visto, come è noto, un incremento esagerato dalla metà del '700 ad oggi.

Quando si parla di CO_2 si intende gas serra. Il cosiddetto "effetto serra" è stato teorizzato dal francese Joseph Fourier, fisico e matematico, che per primo studiò e analizzò la capacità del vapore acqueo di creare una sorta di coperta, di schermo intorno al nostro pianeta (l'effetto serra è proprio la capacità dell'atmosfera di contenere il calore). Fourier concepiva queste intuizioni nel 1824 e all'epoca non si considerava la possibilità che i gas prodotti dalla combustione potessero avere un'incidenza su questo fenomeno.

Fu nel novecento che lo svedese Svante Arrhenius ipotizzò l'aggiunta antropica di CO_2 come causa di un aumento dell'effetto serra. Il CO_2 impiega cento anni per essere completamente smaltito e attualmente la sua presenza nell'atmosfera è quasi pari a oltre tremila miliardi di tonnellate[1]. Purtuttavia, alcuni scienziati sfatano il "mito" della pericolosità, adducendo teorie fantastiche di mitomani pseudo ecologisti e pseudo ambientalisti; fatto sta che dall'era preindustriale ad oggi le emissioni di CO_2 sono aumentate da 280 ppmv a 386 ppmv[2].

---

[1] http://www.greenbiz.it/panorama/news/2313-emissioni-nocive-nel-2010-prodotte-nel-mondo-36-gigatonnellate-di-co2

[2] ppmv = parti per milione volume (Franklin Hadley Cocks -

Allarmismo o verità?

Vapore acqueo, CO2 e metano contribuiscono in qualità variabili alla formazione dell'effetto serra. È necessario considerare quindi non solo la diretta combustione ma soprattutto la produzione di metano legata agli allevamenti intensivi.

Il primo passo concreto verso un'ecologia non scientifica ma consapevole è considerare il proprio stile alimentare come la chiave di una nuova era.

Nel mondo ogni giorno muoiono decine di migliaia di persone per fame e questo non perché non ci sia cibo a sufficienza, ma perché la maggior parte della terra coltivabile é utilizzata per gli allevamenti. Infatti, un'alimentazione basata su cibi di derivazione animale comporta una popolazione massima di due miliardi di persone. Siamo circa sette miliardi. Qualcosa non va.

Volendo considerare l'allevamento intensivo soltanto dal punto di vista ambientale, e lasciando momentaneamente da parte il fattore etico, le cifre sono veramente

Energy Demand and Climate Change: Issues and Resolutions - John Wiley & Sons, 2011)

preoccupanti. Il metano prodotto dagli escrementi degli animali d'allevamento inquina il 40% in più di tutti gli aerei, i mezzi terrestri e le fabbriche sul pianeta (dati ONU). Soltanto negli Stati Uniti gli animali d'allevamento producono quaranta tonnellate di escrementi al secondo: continuando così, presto ne saremo sommersi. Senza contare la quantità di acqua necessaria per produrre mezzo chilo di carne, circa 10.000 litri! Si fa tanta attenzione all'acqua che si consuma in casa, alle auto che inquinano e poi non si considera quanto il cibo possa essere il primo fattore di cambiamento.

La maggior parte dei foraggi mondiali é impiegata per alimentare l'industria della carne destinata alle popolazioni ricche, mentre più di un miliardo di individui patisce gravemente la fame; un terzo della popolazione mondiale è povera e basterebbe anche solo una minima parte di questi foraggi per impedire la tragedia della fame nel mondo.

Sono numeri, è vero, dati statistici che sono così lontani dalla percezione del problema, che risuonano come piccoli segni su pagine scolorite, scolastici tentativi di utilizzare la matematica come risuonatore di "pericolo".

Occorrerebbe guardarsi intorno, fisicamente sentire il disturbo che l'abuso umano crea, per prospettare un futuro fatto di coerenza e sviluppo. *Nulla in mundo pax sincera,* recitava il mottetto di Vivaldi: nel mondo non esiste pace sincera.

Quando la terra crolla sotto il potere di pochi, sotto i sistemi strategici di soggetti insaziabili, il concetto di giustizia s'incaglia sul confine della perversione crudele, del diritto negato e della distruzione.

Non si può parlare di vivere etico se non si mettono a confronto tutte le realtà esistenti e con le quali entriamo in relazione. Il nostro legame con l'ambiente non è solo esercitare le nostre piccole capacità percettive, in piccoli gesti quotidiani quali evitare di gettare una carta per terra oppure alimentarci in maniera "sana". Sano in questo caso vuol dire salutare? È forse salutare apparecchiare la nostra esistenza di morte e irresponsabilità? Agire senza mai considerare le conseguenze di un'azione? Spesso ciò che si utilizza nel quotidiano ha provocato danni irreparabili in altre zone del pianeta. Ci si veste di lusso, ci si affida all'apparenza e all'immagine che si vuole dare di sé e intanto per estrarre oro si sfruttano schiavi in Africa, per produrre scarpe di brand famosi si ricorre alla manovalanza di bambini, per ottenere succulente bistecche si creano allevamenti-lager di innocenti che nutrono, con i loro "sacrifici", gli "onnivori" umani.

I diritti acquisiti nel tempo hanno plasmato animali, gli umani appunto, facendoli diventare esseri senza memoria e senza futuro.

Garantire la sopravvivenza senza sprechi né abusi sarebbe ovvio quanto naturale. Purtroppo il pianeta ospita una quantità enorme di individui arroganti e prevaricatori, caratteristica sempre più evidente specialmente nel mondo occidentale.

Cibo e acqua non sono più sufficienti per soddisfare gli esagerati bisogni di pochi.

Le guerre dell'acqua non sono più patrimonio esclusivo dei paesi in via di sviluppo, ma sono diventate un fenomeno recente e dilagante anche nelle Americhe. Le grandi industrie multinazionali stanno privatizzando e commercializzando il patrimonio idrico, investendo per esempio nelle dighe. Soprattutto in America latina l'acqua sta diventando un business. Vengono tracciati confini territoriali costringendo i paesi a considerare l'acqua come petrolio. Si stima che entro pochi anni, se questo fenomeno dovesse continuare, le multinazionali controllerebbero oltre il 50% del patrimonio idrico mondiale, assoggettando non più soltanto i paesi poveri, a insostenibili situazioni al limite della sopravvivenza[3].

Le popolazioni dei luoghi soggetti a questo sistema ingiusto di capitalizzazione dell'acqua, sono in grave disaccordo con le

---

[3] Archivio Disarmo, Istituto Ricerche Internazionali, Sistema informativo a schede – 07/2013, Anna Tatananni, *I conflitti per l'acqua - Le aree e i caratteri più significativi dei conflitti per l'acqua nelle Americhe*

scelte politiche dei governanti, che vendono a tutti gli effetti un diritto. Le dighe nascono come confine dominante e assoggettante, dando vita a conseguenze disastrose dal punto di vista sia ambientale sia etico. Un esempio recente, quanto annoso, è quello del fiume Colorado che attraversa quasi interamente il territorio degli Stati Uniti e del Messico. Già dall'ottocento questa inesauribile fonte di approvvigionamento idrico, che a tutt'oggi è utile a 25 milioni di persone, ha generato conflitti tra i paesi che attraversa. Dopo anni di trattative e dissensi, nel 2012 Stati Uniti e Messico hanno sancito un accordo attraverso il quale saranno cedute quote di acqua nei periodi difficili di siccità; questo nei confronti di aziende idriche degli Stati Uniti. Verrà acquistata l'acqua per approvvigionare Arizona, Nevada e California meridionale[4]. Questa opportunistica manovra aiuterà temporaneamente a sanare situazioni di emergenza, ma nel tempo creerà un

---

[4] Archivio Disarmo, Istituto Ricerche Internazionali, Sistema informativo a schede – 07/2013, Anna Tatananni, *I conflitti per l'acqua Le dispute per i bacini idrografici transfrontalieri Il Bacino del fiume Colorado*

commercio dell'acqua rendendola preziosa e irraggiungibile, provocando di conseguenza la frattura di quel sistema di diritto e sopravvivenza di ogni essere sulla terra.

Acquistare "quote d'acqua" per aiutare paesi in difficoltà è l'esempio evidente di quanto si possa tenere in ostaggio una nazione.

Governi che decidono la sorte di milioni di persone che non hanno diritti.

Circa il 40% della popolazione mondiale dipende dai corsi fluviali; questa necessità è quindi il punto debole di molti paesi. Nel maggio 2013 si è dato il via ai lavori per costruire la grande diga che devierà il corso del Nilo Azzurro. Una colossale opera che vede impegnato il Governo Etiope finanziato dalla Cina; cinque miliardi di dollari che metteranno in ginocchio novanta milioni di persone che traggono sostentamento da quel corso d'acqua. Il Nilo Azzurro è la parte del fiume che nasce in Etiopia e la percorre per oltre mille chilometri; il Nilo Bianco invece attraversa il Sudan. La Grande Diga metterà in discussione il trattato del 1959, attraverso il quale si dava pieno potere di utilizzo delle acque all'Egitto e al Sudan.

Altro chiaro esempio di abuso e prevaricazione è la costruzione di una diga che devierà il fiume Omo, in Etiopia in modo da fornire energia idroelettrica a Egitto, Sudan, Gibuti, Kenya, Uganda, e Yemen, ma riducendo il flusso del fiume si verificheranno gravi danni a quasi un milione di individui delle tribù locali che vivono da sempre utilizzando le acque dell'Omo[5]. Questa crescente corsa all'investimento, genera industria e capitale da un lato, provocando carestie e disastri dall'altro. Il Corno d'Africa è la penisola che si trova sul lato est del continente: ne fanno parte l'Eritrea, l'Etiopia, il Gibuti e la Somalia. Da qualche anno gravi carestie hanno condizionato questa zona del mondo, tra le più povere. L'acqua è proprio tra le cause primarie di questa crisi incontrollabile. La siccità provoca carestie, malattie, morte, mezzo milione di bambini a rischio, mentre mille sfollati al giorno raggiungono zone di "smistamento", con le conseguenze che ben si possono immaginare.

Questo è lo "sviluppo" e la "evoluzione" che le multinazionali, in accordo con i Governi, prospettano.

Il nuovo petrolio non si beve, si vende.

Ogni singola espressione della natura non è un fenomeno a sé. La fauna, la flora, gli elementi che si susseguono dando vita a

---

[5] Archivio Disarmo, Istituto Ricerche Internazionali Anna Tatananni, *I conflitti per l'acqua Le aree e i caratteri più significativi dei conflitti per l'acqua in Africa*

meravigliose *performance* o a tragiche calamità, le relazioni tra esseri viventi, sono tutte combinazioni, connessioni ritmiche che intrecciano realtà.

Sono fili indistruttibili di palpitazioni e la terra è il foglio sul quale si dispiegano le energie dei suoi abitanti.

Le foreste, il polmone del nostro pianeta.
Fra i molti luoghi minacciati della Terra, le foreste pluviali del Borneo indonesiano rappresentano gli ultimi grandi spazi verdi originari. Il logging (disboscamento) in questa zona è un flagello; avvicinandosi, per esempio, alla città di Pangkalan Bun, nella regione del Kalimantan centrale, si nota quanto il traffico di mezzi pesanti abbia devastato ogni via di accesso a causa delle fabbriche di olio di palma. Strade massacrate dal continuo via vai di autocisterne cariche di olio, tir che trasportano legname, mostruosi mezzi meccanici che potano e sradicano ogni forma di vita vegetale. Ettari ed ettari di foreste in fiamme, per poter soddisfare la richiesta sempre crescente, da parte dell'occidente principalmente, di materie prime: olio di palma, legname vario, pellet e biofuel, che di bio, a parte il nome, non ha proprio nulla. Circa un quinto delle emissioni di gas serra è provocato dalla distruzione delle foreste, pari alle emissioni di auto, navi, aerei, camion di tutto il globo.

Nel mondo le foreste tropicali hanno l'importante ruolo di elaborare e filtrare il

CO2 presente in atmosfera; addirittura dopo le foreste Africane, i grandi alberi dell'Asia filtrano oltre 300 tonnellate di CO2 per ettaro[6].

Le foreste indonesiane coprono circa 463.000 miglia di territorio e questo le colloca soltanto dopo il Brasile e la Repubblica Democratica del Congo e sono le più a rischio del pianeta. Una delle principali cause del disboscamento selvaggio è la sostituzione delle foreste primarie con piantagioni di palme da olio. Le industrie dolciarie, petrolifere, cartarie, insieme a quelle del legname, stanno devastando territori ad una velocità impressionante: più di 25 milioni di ettari negli ultimi 15 anni.

Dal 2000 a oggi sono scomparsi circa 40 milioni di ettari di foreste primarie nel mondo. In Indonesia negli ultimi 50 anni sono stati distrutti circa 70 milioni di ettari di foresta. L'industria cartaria e quella dell'olio di palma, raffinato ed esportato, sono le principali cause di questa tragedia. L'aspetto veramente drammatico della situazione indonesiana è che gli investimenti nel settore agro-alimentare sono volti a un aumento delle coltivazioni di palme, che ad oggi occupano 15 milioni di ettari di foreste convertite, ma a dire delle grandi aziende investitrici del settore, si stima uno sfruttamento di almeno altri 30 milioni di ettari, da ripartire in coltivazioni, strade e ferrovie, per un totale di 6 miliardi di dollari di investimenti previsti[7] .

Migliaia di specie sono in pericolo.

Nonostante l'Indonesia ricopra soltanto l'1% dell'area totale delle terre emerse, è la casa di una buona parte di tutte le piante e le specie animali sul pianeta, includendo il 12% di tutte le specie di mammiferi, il 15% di tutti i rettili e anfibi e il 17% di tutte le specie di uccelli presenti sul globo terrestre. Un tesoro inestimabile sta quindi scomparendo e non c'è tempo per cercare soluzioni: la soluzione è l'azione. Ogni

---

[6] Large trees drive forest abovground variation in moist lowland across the tropic, Global Ecology and Biography
[7]

http://www.infomercatiesteri.it/webinar_app_detail.php?id_approfondimento=5

singolo gesto quotidiano può salvare il pianeta.

A Sumatra è in atto un'aggressione violenta alle foreste torbiere. Negli ultimi ventimila anni si è accumulato un consistente strato di torba nelle foreste torbiere indonesiane, 300 tonnellate di carbonio per ettaro. Ma queste foreste vengono distrutte e la torba utilizzata per le piantagioni; nel giro di pochi anni, a contatto con l'ossigeno, il carbonio della torba si decompone tornando nell'atmosfera. Ma se invece viene bruciato bastano solo pochi giorni.

Esiste un rapporto che è stato prodotto in cooperazione con due ONG: L'Ong britannica Environmental investigation agency (Eia) e Telepark, una coalizione indonesiana di associazioni, imprenditori, giornalisti e comunità indigene, hanno presentano il preoccupante rapporto "Testing the Law", dal quale emerge che i Governi indonesiani stanno gravemente violando la moratoria sul taglio illegale delle foreste torbiere nel Kalimantan. L'azienda PT Suryamas Cipta Perkasa, che fa parte della Best Group. Sebbene il taglio sia stato vietato nel Kalimantan, si è chiuso un occhio negli ultimi 5 anni, nei quali l'industria sopraccitata ha danneggiato e convertito 23.000 ettari di foreste.

L'inganno del benessere spinge i Governi a vendere i propri territori, dandoli in pasto a industrie senza scrupoli.

Attualmente la APP (Asia Pulp & Paper) , una delle dieci più grandi multinazionali cartarie del pianeta, ha definitivamente interrotto la deforestazione in Indonesia e si è impegnata a proteggere le aree rimaste. Sta finanziando l'Orangutan Foundation International per avviare un programma di tutela ambientale. In febbraio la Asia Pulp and Paper ha ufficialmente annunciato la fine della deforestazione delle foreste originarie nell'intera catena di produzione dei suoi prodotti cartari. Hanno individuato le aree da tutelare ed eventualmente rimboschire.. Fenomeno che "odora" di *Greenwashing* , ossia lavare via le passate malefatte, tentando di ricostruire una apparente indennità ed etica. Peccato che quello che hanno fatto negli anni passati ha causato la perdita di gran parte delle foreste nell'isola di Sumatra; il 60% del taglio illegale è da imputarsi alla APP, a partire dagli anni'90 sino ad oggi.

Affinché una foresta naturale possa ricostituirsi ci vogliono centinaia di anni. È evidente che questa mossa sia stata scientificamente e strategicamente posta in essere a causa dei boicottaggi internazionali nei confronti dei prodotti provenienti dalla deforestazione. Recentemente anche la multinazionale Disney aveva rinunciato alla carta della APP, per i suoi packaging; un danno enorme dal punto di vista economico. Ecco la manovra che porta sì un vantaggio per l'ambiente, ma cancella anche – malauguratamente - un passato di illegalità enorme.

In Italia un triste esempio di incoscienza ambientale lo osserviamo da parte dell' ENI che a Porto Marghera (VE) sta realizzando un colossale impianto di lavorazione dei Bio carburanti; le materie prime proverranno ovviamente dall'Indonesia, 500.000 tonnellate di olio di palma che causerà la distruzione di 180.000 ettari di foresta.

Cosa possiamo fare per fermare questo scempio? Informarci, rinunciare a tutto ciò che produce distruzione e quindi boicottare le multinazionali che causano questa rovina; agire divulgando, perché l'informazione è la prima grande rivoluzione.

Il consumo critico è l'unica forma di ecologia possibile, una ecofilia fatta di amore e passione di comprensione e coscienza, di ricerca e azione. Il nostro sole è a metà della sua esistenza, ha ancora circa cinque miliardi di anni di vita; utilizzare la potenza del calore solare è il sistema più pulito che si possa immaginare. L'acqua genera guerre e conflitti, perché commerciabile, il sole per fortuna non può essere negoziabile. L'energia rinnovabile è l'alternativa pura al sistema speculatorio umano.

La stella che nutre il pianeta diventa la fonte principale di salute ed energia. Il fotovoltaico può anche essere autoprodotto. Da qualche anno presso il centro di ricerche dell'Università di Tor Vergata di Roma, una equipe di ricercatori sta sperimentando il potere di accumulazione di calore dei materiali organici; si è sperimentata polpa di mirtillo spalmata su tetti di case, dando vita a una economica e semplice forma di produzione. Decrescita alla portata di tutti. Gli esseri umani sono la specie che più sfrutta le risorse del pianeta, incidendo pericolosamente sull'equilibrio dell'ecosistema; nel 2003 è nato un network di scienziati, aziende, ONG, università il Global Footprint Network che si occupa di monitorare l'azione umana sul pianeta, l'utilizzo delle risorse, calcolando ogni anno ciò che la Terra può rigenerare, in base ai consumi e all'impiego.

Pensiero finale

Dal 20 agosto di quest'anno, 2013, siamo in *overshoot*. Ufficialmente l'umanità ha esaurito le risorse a disposizione, ossia il budget che in un anno bisogna utilizzare per permettere al pianeta di rigenerarsi. Questo vuol dire che fino al 31 dicembre si utilizzeranno capitali ecologici impedendo alla Terra di "respirare". Quello che l'essere umano sta facendo al pianeta è consumare le risorse equivalenti a un pianeta e mezzo. Ormai da anni siamo in grave debito ecologico. Dal 2011 a oggi l'Overshoot Day si anticipa progressivamente di tre giorni. Non tutti i paesi però si trovano in debito, la soluzione allora risiede proprio nella cooperazione tra paesi creditori e paesi debitori, invertendo la tendenza al consumo spropositato e alla incosciente cecità nei confronti dell'emergenza ambiente.

Dario Fo ha immaginato un futuro fatto di incertezze, dove la scomparsa del petrolio ha regalato una nuova era a questa umanità disgraziata, un'*Apocalisse rimandata*, ma non per sempre. E sulle note di una canzone di Moby, artista vegan, disegno un otto, il simbolo dell'infinito, per ricordarmi che siamo tutti connessi… "cause we are all made of stars".

L'autrice

Maria Teresa de Carolis nasce a Roma e passa la sua infanzia tra cantate di Bach e passeggiate col papà appassionato di musica classica e chiese. Dopo le superiori si diploma all'Accademia d'Arte drammatica "Pietro Sharoff" di Roma, dove studia il metodo Stanislawskij. Debutta a Teatro come professionista con "Amadeus" di Peter Shaffer per la regia di Mario Missiroli. Seguono anni di fatiche teatrali; lavora con Giuseppe Cederna, Remo Girone, Umberto Orsini, Karl Zinny, Vittoria Zinny, Elisabetta de Palo, Dominic de Fazio, Anatoli Vassil'ev, Nina Soufy, Andju Ormeloh. Fa tanto teatro off e studia acrobatica all'MTM con Memo Dini, storico attore-acrobata degli Anfeclown. Studia circo per diversi anni. È cantante in un coro polifonico di canti dal mondo e vocal coach (Coro Zenzerei, diretto da Laure Gilbert). Docente di laboratori teatrali. Scrive racconti e testi teatrali da sempre. Ha pubblicato una serie di racconti inediti per il Corriere di Arezzo; è presente nella raccolta "Strani Bambini" a cura di Cinzia Tani. Ha collaborato con Repubblica come free lance nell'inserto Affari e Finanza. Pubblica poesie con Paolina Carli all'interno della rassegna "Riviviamo il centro Storico", workshop annuale di poesia contemporanea. Scrive editoriali on line, principalmente su ambiente e diritti animali. Collabora saltuariamente con la rivista mensile AAM Terranuova. Vegan e attivista. Dal 2009 si occupa di deforestazione e specie a rischio. Nel 2010 scrive un articolo in collaborazione con il docente Paolo Sospiro sulla responsabilità sociale delle imprese e viene selezionato alla Conferenza Internazionale Global Compact Network. Ha due siti web: uno di editoriali e l'altro sul Borneo indonesiano. E due figli adolescenti.

www.mariateresadecarolis.it

Titanic

coordinate impatto: 41° 46' N 50° 14' O

Breve Saggio di Maria Teresa de Carolis

SAGGISTICA
EDIZIONI
IMPERIUM

Cent'anni di solitudine negli abissi. La notte del 14 aprile 1912 il gigante, il titano di ferro, affonda inesorabilmente, lasciando nel gelido Atlantico l'impronta di un mito indistruttibile. In questo saggio si narra la storia del Titanic, il mastodontico piroscafo della White Star Line, il più grande dell'epoca insieme al gemello Olympic superato solo in seguito dal fratello maggiore Britannic. Sono passati più di cento anni e tanti ricordi hanno congelato le oltre mille vite che per sempre sono rimaste intrappolate nel freddo attimo di un disastro.

SAGGISTICA
— EDIZIONI —
IMPERIUM

Ustica - Storia del Volo Itavia 870
di J. K. Larson
****

11 Settembre - Attacco al potere
di J. K. Larson
****

Ecofilia, ecologia e trasformazione
a ritmo dei suoni della Natura
di Maria Teresa de Carolis
****

Titanic
coordinate impatto 41° 46' N - 50° 14' O
di Maria Teresa de Carolis
****

L'ultimo secolo di Roma
una storia di possibilità perdute (375-476)
di Claudio Cordella
****

Anime Robotiche
L'evoluzione della psicologia dei protagonisti
negli anime robotici
di Claudio Cordella

Saggio Atomico
manuale per gestire il terrore di
Chernobyl e Fukushima
di Roberto Canesi
****

Morti sul lavoro
la punta dell'iceberg
di Roberto Canesi
****

Cosplay
arte ludica contemporanea
di Anna Castelli
****

Web 2.0
le nuove metodologie di produzione audiovisiva
di Leonardo Sciancalepore

Elenco completo delle pubblicazioni e delle
altre collane sul sito
www.edizioniimperium.com

Opera pubblicata e stampata in EU da Lulu Press Inc.
fiscalmente rappresenta conformemente all'art. 17 comma 3 DPR 633/72 da
KPMG Fides Servizi di Amministrazione SpA,
Via Vittor Pisani, 27 – 20124 Milano (MI) – Italia
Partita IVA 07301070962

Questa pubblicazione usa carta FSC certificata,
prodotta con pasta di legno senza piombo e acidi.
Carta conforme allo standard ISO 9706 della carta permanente.

Sede legale: P.zza Martiri di Via Fani, 90
20099 Sesto San Giovanni (Milano) – Italia
Partita IVA 08742140968

www.edizioniimperium.com